ようこそ、歴史秘話ヒストリアへ

この本は、NHK番組「歴史秘話ヒストリア」の内容をもとに編集してあります。
番組では、歴史上の人物が何に悩み、悲しみ、よろこんだのかといった、
これまでとはちがった角度から、歴史の秘話がひもとかれていきます。
歴史という大河のひとしずく〜秘話〜によって、つぎつぎと明らかにされる
新しい歴史のすがたをお楽しみください。

「ヒストリア(historia)」とは、古代ギリシャ語などにある言葉で、歴史を意味する英語
「ヒストリー(history)」のもととなった言葉です。

目次

コーフン！
古墳のミステリー … 4
- Episode 1　不思議なカタチの謎 …………………………… 4
- Episode 2　よみがえる王の記憶 …………………………… 6
- Episode 3　ユートピアへ向かう船 ………………………… 8

いつだって天文ゴールドイヤー！
〜星々と日本人　はるかな物語〜 … 10
- Episode 1　古代日本のあけぼの　天空の謎に挑め！ ……… 10
- Episode 2　江戸の大革命　天文マニアが日本を変えた …… 12
- Episode 3　世界に負けるな！明治ニッポン天文秘話 ……… 14

偉人たちのユートピア
～びわ湖 知られざる夢と信念の物語～　16

- Episode 1　日本最大のパワースポット!?　最澄が夢みた極楽浄土　…………… 16
- Episode 2　遷都で大混乱!?　中大兄皇子の理想郷　……………………………… 18
- Episode 3　究極の句はびわ湖で！　松尾芭蕉 孤高の挑戦　…………………… 20

愛と信念は海を越えて
～鑑真と弟子たち　7000kmの旅路～　22

- Episode 1　鑑真和上坐像の秘密　……………………………………………………… 22
- Episode 2　鑑真はなぜ日本に？　……………………………………………………… 24
- Episode 3　弟子たちとの別れ　………………………………………………………… 26

和食はどうしておいしくなった!?
～時代の主役たちが育んだ食の遺産～　28

- Episode 1　和食の三大革命　①禅僧クッキングで悟る　……………………… 28
- Episode 2　和食の三大革命　②武士たちの料理ショー　……………………… 30
- Episode 3　和食の三大革命　③茶の巨人が極めた"おもてなし"　…………… 32

ザビエル 戦国を行く
～知られざるニッポン　3万キロの旅～　34

- Episode 1　ザビエル　はるかなる冒険の旅へ　………………………………… 34
- Episode 2　ザビエル　未知の国ニッポンへ！　………………………………… 36
- Episode 3　ザビエル　知られざる戦国の大冒険　……………………………… 38

コーフン！古墳のミステリー

大仙陵古墳（仁徳天皇陵）をはじめ、89基の巨大古墳からなる百舌鳥・古市古墳群（大阪府南部）。

Episode.1 不思議なカタチの謎

　日本オリジナルの墓、前方後円墳。古代日本人がつくった、世界のどこにも例がない不思議な形のお墓です。数々の謎にみちた古墳のミステリアスな魅力にせまります。

　前方後円墳は、全長400メートルをこえる巨大なものから、15メートルにみたない小さなものまで、およそ4800基あります。北は岩手県から南は鹿児島県まで、全国各地で見つかっています。その名のとおり、前が方形、つまり四角形で、うしろが円形の墓です。

前方後円墳は、前が四角形で、うしろが円形の墓。

後円部／前方部

いったい、なぜこんな形なのか、さまざまな説がとなえられてきました。

　たとえば、前方部祭壇説は、江戸時代からとなえられてきた説です。後円部は死者がほうむられた墓の本体で、前方部はそれをまつる場だというものです。しかし、各地の古墳で調査がおこなわれたものの、前方部からはそれらしい跡は見つかっていません。

　天円・地方説という説もあります。古代の中国では、天を円、地を方と考え、円形と四

前方後円墳

■解説

　古墳の一形式で、円形の墳丘と方形の墳丘がつながった形をしたもの。古墳とは、土をもりあげてつくった有力者の墓のことで、前方後円墳のほかに円墳、方墳、前方後方墳などがある。前方後円墳は、3世紀から6世紀にかけてつくられている。大仙陵古墳（仁徳天皇陵）は、全長486メートル、面積47万平方メートルで、日本最大の前方後円墳。ギザの大ピラミッド（エジプト）、秦の始皇帝陵（中国）とならんで、「世界三大墳墓」にかぞえられている。

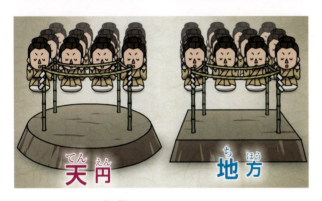

天円　地方

　角形の別々の祭壇をつくってまつっていました。古代の日本にこの考えかたがはいってきたとき、ふたつの祭壇を合体させて、いっしょにまつるようにしたというのです。しかし、この説を裏づける証拠も見つかっていません。前方後円墳の形は、いまだに解明されていない古代史最大のミステリーのひとつなのです。

　そんななか、近年、ひとつの説が注目を集めています。それは古代学者の辰巳和弘さん（元同志社大学教授）がとなえる考えです。辰巳さんは、前方後円墳は壺の形をしているというのです。

　古代中国の墓に、神亭壺（浙江省出土）と

いう壺がおさめられています。壺の上部は宮殿が表現されていて、たくさんの人たちが楽器を演奏したり、盃を手に宴を楽しんだりしています。彼らは、じつは仙人なのです。古代中国では、不老長寿の仙人が住むユートピア（理想郷）は壺のなかにあると考えられていました。つまり、前方後円墳は、この仙人の住むユートピアを再現しようとして壺の形にしたと考えられるわけです。

　その説を裏づけるものが、やはり中国に残されていました。2世紀、後漢時代の沂南画像石墓というお墓の入り口にレリーフがあります。そこにえがかれているのは、東王父という不老長寿の仙人です。東王父の下には壺が3つえがかれていて、東王父が東の海にうかぶ3つの島の主であることをあらわしています。そして、壺の形をした島では、不老長寿の薬がとれるとされているのです。

　辰巳さんはいいます。

「壺のなかに不老長生のユートピアがある。そういう思想が日本にはいってきたときに、それなら、王の墓として壺形の墓をつくろうかということで生みだされたのが前方後円形の墓であろうと思います」

　不老長寿のユートピア——。それが古墳にこめられた人々の願いだったのかもしれません。

前方後円墳は壺の形のように見える。写真は箸墓古墳（奈良県桜井市）。

Episode.2 よみがえる王の記憶

　群馬県高崎市に、保渡田八幡塚古墳とよばれる古墳があります。今では全国の多くの古墳が木々などにおおわれていますが、この古墳は、1500年前の姿に完全に復元されています。

　古墳の表面には、石がびっしりとしきつめられています。そして、6000体もの円筒形の埴輪がならべられています。埴輪とは、古墳のかざりとしておかれた素焼きの焼き物のことです。古墳をとりかこむ濠のなかには丸い島がつくられていて、それがまた独創的です。なかでも注目すべきは、堤の上にならべられた総数54体の人や動物などの埴輪です。

　埴輪は、ふつうはばらばらの破片で出土することが多く、もともとどのようにならべられていたのかまではわからないケースがほとんどです。しかし、この古墳は、完成後、まもなく火山の噴火によって、丸ごとうま

群馬県高崎市にある保渡田八幡塚古墳。

世界の巨大なお墓

　人類の歴史上、巨大なお墓といえば、まずは、エジプトにあるギザの大ピラミッドがあげられます。高さは140メートルあまりで、40階建てのビルに相当し、世界一の高さをほこります。世界一大きなお墓は、中国にある秦の始皇帝陵です。体積はおよそ300万立方メートルもあり、東京ドーム2.5個ぶんに相当します。

　一方、大仙陵古墳（仁徳天皇陵）は、全長486メートル、面積47万平方メートルで、東京ディズニーランドくらいの広さがあります。大ピラミッドや始皇帝陵よりも広い面積をもっていることがわかります。

※大仙古墳や大山古墳などともよばれます。

①復元された埴輪全体　②頭に冠をつけた王と、それにむきあう巫女（手前）　③中国伝来の宝石を身につけた王　④力士と武人（後方）　⑤猪を狩る王　⑥巫女たちが琴を演奏し、聖水を王にさしだす場面

ってしまったからか、つくられた当時の配置がそのまま地中に残されていたのです。幅約4.5メートル、長さ約11メートルの区画に、埴輪の配置が正確に復元されています。

この区画には、さまざまな形の埴輪がならべられていますが、そのうち、古墳に埋葬された王のものと考えられている埴輪が7体あります。その7体は、それぞれ身につけているものがちがいます。そして、それぞれの埴輪を中心に、7つの場面にわけて表現していると考えられています。

ある場面では、王と巫女が対面するシーンが表現されています。王は冠をかぶり、腰には王の象徴である立派な刀をさげて立っています。そして、巫女は、祭礼用の正式な衣装を身につけています。

また、ある場面では、王を先頭にして、中国大陸からはいってきた馬や、甲冑を身につけた人物がずらりとならんでいます。それらを独占できた王の力の大きさを見せつけていると考えられます。

屈強な武人と力士がならんだ場面もあります。これは、王が力を誇示するためにおこなったパフォーマンスでしょうか。

犬をけしかけて、王が猪を狩る場面もあります。矢はみごと命中していて、この地にすむ獣たちが王のものであることがしめされています。

ハイライトシーンは、巫女が王に水をさしだしている場面です。この水は、聖なる井戸からわいた水です。琴が鳴らされ、おごそかな雰囲気のなかで、正装した巫女たちがとりおこなう儀式によって、王の不老長寿が祈願されたと考えられています。

亡くなった王をほうむるだけではなく、生前のかがやかしい姿を永遠にとどめて、人々に見せつづける――。古墳には、そんな壮大な目的が秘められていたのです。

Episode.3 ユートピアへ向かう船

福岡県桂川町にある王塚古墳。

後室の壁は三角形のもようでいっぱい。左のくぼんでいるところはベッドにあたるもの。【レプリカ】

左の壁の下部には靫、右の壁には盾がえがかれている。【レプリカ】

　全国各地にある前方後円墳は、そのほとんどがなかを見ることができません。破壊されていたり、天皇陵として立ち入り禁止になっていたりするところが多いからです。

　ところが、九州には、内部の石室まで調査され、公開されている古墳がたくさんあります。福岡県桂川町の王塚古墳もそのひとつです。春と秋には特別に公開され、多くの人でにぎわいます。石室は、温度や湿度が厳密に管理されていて、見学は分厚いガラスごしにおこなわれます。

　敷地内にある王塚装飾古墳館では、古墳の内部を精巧に復元した実物大の模型が展示されています。古墳は、前室と後室のふたつの部屋にわけられています。後室は高さが約4メートル、広さは8畳ほどあります。古代の王が眠るこの部屋の壁は、規則正しくえがかれた三角形のもようでうめつくされています。この壁には、神社の儀式で使われる靫（やなぐい／矢をいれて背負うもの）や、古墳から出土した盾に似たものもえがかれています。靫も盾も攻撃をふせぐための武器です。壁のカラフルなもようは、石室の空間を悪霊などから守る魔よけの意味があるのではないかと考えられています。

　石室の一番奥のベッドと考えられる場所から見あげると、天井にえがかれたおびただしい数の星が目にはいります。まるで、広大な宇宙を旅しているような気分になります。ユートピアにむかう旅は、こんな感じなのかもしれません。

　星空をゆく旅のすえにたどりつくユートピアとは、いったいどんな世界なのでしょう。

　それが具体的にわかる古墳があります。6世紀後半、今の福岡県筑紫野市につくられた

福岡県筑紫野市にある五郎山古墳。下の写真の左の石には船、正面の石には船の目的地がえがかれている。（筑紫野市歴史博物館提供）

奈良県広陵町にある巣山古墳。

復元された船。

円墳、五郎山古墳です。11メートルの通路をとおった先にある石室の横の壁には、星空を旅する船がえがかれ、船の上には棺が乗っています。そして、奥の壁にえがかれているのが船の目的地、つまり、古代の人々が考えるあの世の世界（来世）です。そこには、四股をふむ力士や、ささげものをさしだす巫女、馬に乗って狩りに興じる人物などがえがかれています。保渡田八幡塚古墳の埴輪と、とてもよく似ているようです。保渡田八幡塚古墳の54体の埴輪群は、王の生前のかがやかしいようす、つまり、現世を表現したものだと考えられています。すると、星空をとおって船がたどりついた来世は、この現世とそっくりの世界とイメージされたことになります。

辰巳さんはいいます。

「被葬者が来世でも現世とおなじように暮らすことを願って、この絵はえがかれたのでしょう。棺を乗せた船が来世へとんでいき、そこで永遠の楽しい世界をすごす。そういう場面がえがかれていると理解されます」

2006年、奈良県広陵町にある前方後円墳、巣山古墳で大きな発見がありました。古墳の濠から、巨大な船の部材が発掘されたのです。壁画にえがかれていた来世への船が実際に出土した、はじめての例です。復元してみると、船の長さは推定8メートル以上。本格的な大型船です。古代中国では、不老長寿の島は海のむこうにあると考えられていました。そこへたどりつくためには、これだけ大きな船が必要だと考えられたのです。さらに、船は単なる埋葬のかざりではなく、実際に王の棺を乗せて古墳に運びいれたと専門家は推測しています。

海をわたる船も、このときばかりは人々に引かれて古墳へむかったことでしょう。船の上には、亡き王が眠る棺が乗っています。王が来世でも現世とかわらぬ暮らしを送れるようにと、人々は祈ったはずです。

壺形の古墳は、中国で東の海にあると語り伝えられた不老長寿の島をこの世に実現したもの——。1500年前の古墳時代、亡き王はこうして船に乗って、ユートピアへと旅立っていったのです。

コーフン！ 古墳のミステリー　9

いつだって天文ゴールドイヤー！
～星々と日本人　はるかな物語～

ハレー彗星。「日本書紀」の684年の記録には「彗星が西北の方角にでた」と記述されていて、ハレー彗星が日本で観測された最古の記録だと考えられている。

Episode.1　古代日本のあけぼの　天空の謎に挑め！

　いにしえの時代より、夜空にかがやきつづける星たち。この星空をながめながら暮らしてきた、わたしたち日本人と星々とのロマンあふれる歴史の物語を紹介します。

　今から1300年以上前の飛鳥時代、日本で最初に国をあげて天体観測にとり組んだ人物がいました。それは天武天皇。奈良時代の歴史書「日本書紀」には、こう記されています。

　「はじめての占星台を建てる」

　これは、日本初の天文台だったと考えられています。推測によると、高さは約10メートル。天武天皇は、この占星台で本格的な天体観測をおこない、天の世界の謎にせまろうとしたのです。

　このとり組みの成果を伝えるものがあります。奈良県明日香村のキトラ古墳です。その墓には、天武天皇に近い当時の有力者がほうむられたといわれます。古墳の天井には天空

「日本書紀」

キトラ古墳の天井壁画（画像提供：奈良文化財研究所）

天武天皇（？〜686年／飛鳥時代）
渋川春海（1639〜1715年／江戸時代）
木村榮（1870〜1943年／明治・大正時代、昭和）

■ プロフィール

天武天皇は第40代の天皇。名は大海人皇子。兄の天智天皇が亡くなると、壬申の乱をおこして勝利し、673年に即位した。

渋川春海は江戸時代の天文暦学者。1684年、平安時代から使われてきた宣明暦にかわり、春海がつくった貞享暦が採用された。初の幕府天文方に就任している。

木村榮は明治・大正時代の天文学者。緯度変化を研究。1899年、岩手県の水沢に創設された緯度観測所の所長となり、観測に従事。地球緯度の周期変化「Z項」の存在を発見した。

天武天皇（宮内庁蔵）

渋川春海
木村榮（国立国会図書館）

の世界がえがかれ、およそ350個の星が金箔であらわされています。これは、天空全体を記した天文図としては、東アジアでもっとも古いものです。この天文図では、星々は赤い線で結ばれ、いくつもの星座として表現されています。このキトラの天文図からは、古代の人々が天の世界を正確に把握し、そこに秩序を見いだそうとしていたことがわかります。

天武天皇がもっとも力をそそいだのが、天体の異常現象の観測でした。682年の記録には、こう記されています。

「火の色をした幡のような形のものがあらわれ、空にうかんで北に流れた」

これは、オーロラのことだと考えられています。日本では、めったにおきない天体現象です。さらに2年後のこととして、

「彗星が西北の方角にでた」

と記されています。ハレー彗星が日本で観測された最古の記録だと考えられています。

天武天皇が天体の異変を熱心に観測したのには理由がありました。当時、天体観測のマニュアルとして使われていた中国の歴史書「晋書」には、こんな記述があります。

「オーロラのあと兵乱がおこる」

「彗星が見えるとき大水害がおこる」

天の異変は地上でおきるわざわいの予兆。いわば、天が発する人間への警告だとされていたのです。なかでも、もっともおそれられたのが、太陽が欠ける日食でした。

「君主に過失があれば日は必ずそれを知らせる。日の色が消えうせるとき国は衰退する」

日食は、政治がわるいためにおこり、国の衰退につながるとして、当時の日本でも信じられていたようです。

天の異変を知り、国を正しくみちびく——。天武天皇は、天からのメッセージを読みとりながら、国の礎をきずく政治をおこなっていきます。日本初の貨幣をつくり、全国を結ぶ道路網を整備。日本初の体系的な法律である律令も、天武天皇がつくらせたものでした。

こうして、古代の日本は、はじめて「国家」としてのかたちをととのえていきます。日本の天文学のあけぼのは、日本の国づくりのあけぼのと深いかかわりがあったのです。

Episode.2 江戸の大革命　天文マニアが日本を変えた

　江戸時代のはじめ、日食や月食を予測するという難題にいどんだ人物がいました。渋川春海です。独自の観測と研究をかさね、日食や月食をつぎつぎと的中させ、日本の暮らしをかえることになった、ある偉業をなしとげます。江戸時代の天文マニアがくりひろげる汗と涙の物語です。

　天下が統一された江戸時代のはじめ、江戸幕府は、ある混乱に頭を悩ませていました。じつは当時、全国でおよそ10種類もの暦が使われていて、時おり日づけにちがいがでることがあったのです。

　各地で暦がつくられ、混乱していた理由は、朝廷の統制力がなくなっていたことにありました。もともと全国で使われていたのは、宣明暦という中国でつくられた暦です。この暦は太陰太陽暦で、月の満ち欠けを基準に1か月を決めるしくみです。

　しかし、この暦が日本にはいってきたのは平安時代。800年も昔の理論にもとづくもので、日食や月食の予測精度も十分とはいえませんでした。江戸時代にはいって平和な時代がおとずれると、いろいろな学問が奨励され、暦についての研究もさかんになります。そこにあらわれたのが渋川春海。天文マニアとして知られていた男でした。春海は天体観測の能力にひいでていて、天文学の豊富な知識をもっていました。

　春海が天体観測をはじめたのは7歳のころです。毎晩、竹筒から夜空を見ていた春海は、12、3歳のころには、動かない星とされていた北極星のわずかな動きをすでに見ぬいていました。「北極の精」という異名をとるほどに、春海は天体観測の達人として成長し、その名が知られるようになりました。

　春海は、日本や中国の古今の暦を調べました。その結果、400年前、中国でつくられた授時暦がもっとも正確であることがわかりました。そこで、春海は、宣明暦にかわる新しい暦として、授時暦を採用することを朝廷に主張します。しかし、すぐには納得してもらえません。そこで、春海が選んだ暦が正確かどうか、日食と月食の予測でたしかめることになりました。

　ところが、春海が選んだ暦が日食なしと予測した延宝3年5月1日に日食がおこり、予測がはずれてしまったのです。その結果、春海の選んだ暦の採用は見送られてしまいました。

　なぜ、太陽は欠けたのか。春海は、その理

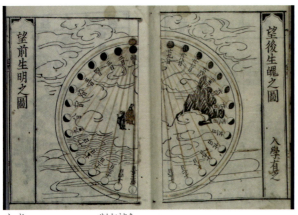

江戸時代の書物「宣明暦」（国立国会図書館）にある月の満ち欠けの説明。

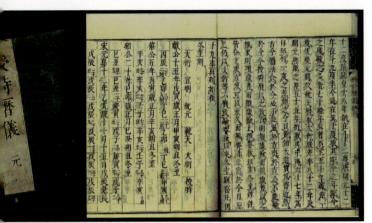

授時暦についてかかれた「改正授時暦儀」(国立天文台所蔵)。

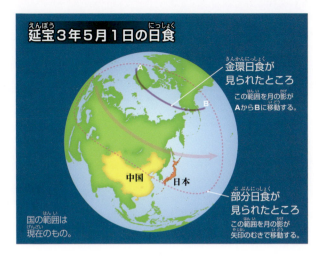

延宝3年5月1日の日食

金環日食が見られたところ
この範囲を月の影がAからBに移動する。

国の範囲は現在のもの。

部分日食が見られたところ
この範囲を月の影が矢印のむきで移動する。

授時暦	授時暦によれば…	実際の結果	
延宝元年 6月15日	月食はない	見えなかった	◯アタリ
延宝元年 7月1日	日食はない	見えなかった	◯アタリ
延宝2年 1月1日	日食はない	見えなかった	◯アタリ
延宝2年 6月14日	月食がある	見えた	◯アタリ
延宝2年 12月16日	月食がある	見えた	◯アタリ
延宝3年 5月1日	日食はない	見えた	✕ハズレ

由を考えつづけます。過去1000年以上にわたり、日本でおきた日食や月食を調査しました。日々の天体観測も欠かさずおこない、あらゆる方法で、あの日、日食がおきた理由をさがしつづけます。何年か後、春海は、あることに気づきます。あの日、予測に反して太陽が欠けた理由——。春海がたどりついたこたえは、近日点と冬至がずれていることによる影響だったのです。

また、地球は丸いため、観測する場所によって、日食が見えるところと見えないところが生まれます。従来の暦とおなじく、春海が選んだ授時暦も中国でつくられたものだったので、中国で見られる日食が記載されていたのです。

中国の暦をそのまま日本で使うことはできない。そのことを知った春海は、日本を基準にして、日食と月食の予測を一から見なおします。そして、みずからの手で、新たな暦づくりにいどんだのです。

1683年、ついに春海は貞享暦を完成させました。この暦は、日食と月食をつぎつぎと的中させていきます。これまで7割ほどだった的中率は、10割近くまで高まります。春海がつくった暦は、翌年から日本の統一した暦として採用され、初の国産の暦となったのです。これにより、各地で日づけが異なる混乱もなくなり、人々はたしかな生活の羅針盤を得ることができました。

江戸の天文マニア、渋川春海が情熱をかけて生みだした暦は、江戸時代の日本人の暮らしをささえていったのです。

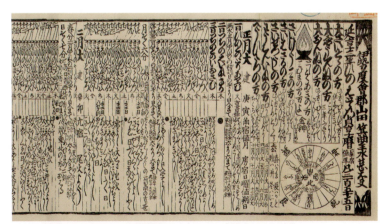

春海が考案した貞享暦にもとづく延享3年の暦(国立天文台所蔵)。

Episode.3 世界に負けるな！明治ニッポン天文秘話

　明治時代、日本の天文学は、世界に大きくおくれをとっていました。その日本が、ある発見によって、世界から注目を集めることになります。日本の威信を背負って世界にいどんだ、若き天文学者の物語です。

　岩手県奥州市水沢区——。この町に小さな小屋があります。ここで、近代国家として歩みはじめた日本の天文学の実力を世界にしめす、ある観測がおこなわれました。それは当時、世界の天文学会で重要な問題とされていた、地球自転軸の乱れの原因を解明するための観測でした。

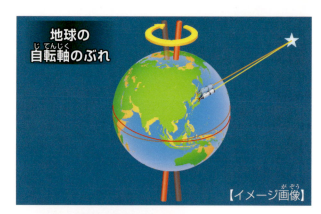
【イメージ画像】

木村榮
（木村榮記念館蔵）

国立天文台水沢VLBI観測所の眼視天頂儀室。

　毎日1回転する地球の自転は、その軸がぶれながら動いていることがわかっていました。しかし、どのようにぶれるかは謎のままだったのです。正確な天体観測のためには、その解明が欠かせません。そこで1899年、地球の自転軸のぶれを明らかにしようと、世界の6か所で国際共同観測がはじまりました。観測方法は、おなじ緯度からおなじ星を観測し、その位置がどれだけずれるかを調べるというものです。北緯39度8分の緯線上にある国で観測がおこなわれることになり、日本も参加しました。

　この観測のためにつくられたのが水沢の観測所です。指揮をとったのは木村榮、当時29歳。天文学の先進国、ドイツで学んだ若き学者です。

　観測はたいへん過酷なものでした。星を観測するあいだ、天井をあけ、窓も全開にします。これは観測中に室温が上昇することをふせぐためです。熱によって金属の望遠鏡がほんの少しのびちぢみして観測値が変化することから、暖房はもちろん、人の体温までも大敵だったのです。

　さらに、観測に使う道具も素朴なものでした。観測したデータの集計などの複雑な計算

気象観測に使用した経緯儀（木村榮記念館蔵）。

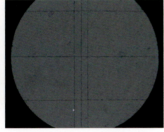
クモの糸による目盛り（イーハトーブ宇宙実践センター提供）。

で使うのはおもにそろばん。望遠鏡で観測した星の位置を計測するには、クモの糸が使われました。クモ糸をマイクロメーターで移動させ、星のイメージにあう位置の目盛りを読みとりました。ふつうの糸だと太くて星がかくれてしまうため、できるだけ細いものが必要となり、クモが冬眠用につくった繭からとりだした糸をもちいたのです。

木村たちは、1年半にわたり、観測をつづけました。そして、データを観測本部のあるドイツに送ります。ドイツでは、各国の観測データが集められ、中間報告がまとめられました。ところが、星の位置を記録したグラフでは、日本のデータがほかの国々から大きくはずれていたのです。日本のデータには信頼性がない、日本の観測技術は世界の水準に達していないとされ、批判がむけられました。

木村は、すべての観測機器を一から再点検しました。クモの糸も張りなおし、細心の注意をはらって観測にのぞみます。しかし、何度やっても、結果はかわりませんでした。

悩みつづけた木村が、ある日、あらためて各国のデータを見くらべていたとき、あることに気づきます。ばらばらに見えた各国のデータに、一定の傾向があることを発見したのです。各国のデータを木村が考えた計算式にあてはめると、大きくはずれていたデータの誤差は少なくなり、一定の基準に収束していきました。木村がこの新たな計算式を論文で発表すると、それがみとめられ、はじめて地球の自転軸のずれの法則性が明らかにされたのです。

その結果、あらゆる天体観測の精度が向上し、のちの人工衛星や宇宙探査機の開発にも貢献することになりました。木村は、東洋人としてはじめて、天文学のノーベル賞といわれるイギリス王立天文学会のゴールドメダルを授与されたのです。

木村によって世界に飛躍した日本の天文学は、後輩たちによって引きつがれていきました。1918年、謎にみちた太陽の秘密をさぐるため、日食観測隊を結成。世界8か国をかけめぐり、24年にわたって貴重なデータを収集しました。その結果、1942年、太陽からふきだす物質、コロナの温度を測定し、100万度以上であることを世界ではじめて解明することができたのです。

木村榮とイギリス王立天文学会のゴールドメダル（木村榮記念館蔵）。

満々と水をたたえる日本最大の湖、びわ湖。大きさは滋賀県の面積の6分の1にもなる。

偉人たちのユートピア
～びわ湖 知られざる夢と信念の物語～

Episode.1 日本最大のパワースポット!? 最澄が夢みた極楽浄土

　びわ湖は日本最大の湖です。周囲の長さ235キロ、滋賀県の6分の1の面積を占めています。ところが、その歴史は意外に知られていません。最澄、中大兄皇子、松尾芭蕉――。この3人の偉人たちをとおして、知られざるびわ湖の秘密をときあかします。

　びわ湖とその周辺には、不思議な霊力を宿し、さまざまなご利益があるとされるパワースポットが数多くあります。代表的な場所が湖の北部にうかぶ竹生島です。古来、神聖な場所とされてきたこの島には、都久夫須麻神社と宝厳寺というふたつの社寺があります。

　都久夫須麻神社の厄除けは、ちょっとかわっています。「かわらけ投げ」といって、かわらけとよばれる素焼きの皿に願いごとを書き、これを投げて鳥居のあいだをとおれば願いがかなうというのです。もともとは神事でしたが、願かけや厄除けの際、神への奉納品として土器などを湖にしずめていたのが、いつしか、かわらけにかわり、現在のかたちになったようです。湖底からは大量の土器が発見されていますが、これはかつて神事でしずめられたものと考えられています。縄文時代や弥生時代

竹生島にある都久夫須麻神社と宝厳寺。

かわらけに願いごとを書いたあと、鳥居にむけて投げる。

最澄 （767〜822年／奈良・平安時代）
中大兄皇子 （625年ごろ〜671年／飛鳥時代）
松尾芭蕉 （1644〜1694年／江戸時代）

■ プロフィール

　最澄は平安時代初期の僧。804年、空海らと唐（中国の王朝）にわたり、天台教、菩薩戒、禅、密教を学び、翌年に帰国。比叡山延暦寺を建てて、日本の天台宗の開祖となる。伝教大師。
　中大兄皇子はのちの天智天皇。中臣鎌足とともに蘇我氏をほろぼし、大化の改新をおこなう。668年に即位する。
　松尾芭蕉は、江戸時代の俳人。東北・北陸などへの旅をへて、俳諧を文芸にまで高めた。紀行文「おくのほそ道」の作者。

最澄（一乗寺蔵）

中大兄皇子（談山神社蔵）

松尾芭蕉
（早稲田大学図書館所蔵）

　の土器まであり、びわ湖が古くから人々の信仰を集めていたことをうかがわせます。
　宝厳寺でまつられているのは水の神、弁財天です。五穀豊穣から芸の上達まで、あらゆる方面にご利益があるといわれています。
　びわ湖周辺には、パワースポットがほかにもあります。
　今から1200年前、その力を究極にまで強めようとした人物がいました。平安時代の僧侶、伝教大師・最澄です。最澄は、767年に、びわ湖のほとり、今の滋賀県大津市に生まれました。若くして出家し、湖をのぞむ霊峰、比叡山にこもります。仏の道をきわめるため、きびしい修行に明けくれ、比叡山に一乗止観院（延暦寺根本中堂）、今の延暦寺を創建します。そこは、仏教の教えを広め、人々を救済するための拠点でした。
　しかし、これは最澄にとって、はじまりにすぎません。延暦寺の本尊は薬師如来。人々の病をいやし、やすらぎをあたえる仏です。仏教では、西の浄土の阿弥陀如来に対し、薬師如来は東の浄土を守る仏だとされています。

延暦寺の薬師如来像

蓮生寺の薬師如来像

最澄は、比叡山から見て東に位置するびわ湖こそ、その場所だと考えていました。そして、薬師如来が守る極楽浄土をこの現世にきずこうとしたのです。そのため、びわ湖の周囲には、つぎつぎと薬師如来をまつる寺が建立されていきました。いわば、最澄による壮大な薬師如来のネットワークです。
　滋賀県内で重要文化財に指定されている薬師如来像は45体（2017年現在）。平安時代の記録では、びわ湖は薬師如来に守られた池だと記され、聖なる場所として広く信じられるようになっていたようです。びわ湖は、いわば時代をこえて存在しつづける巨大パワースポットだったのです。

Episode.2 遷都で大混乱!? 中大兄皇子の理想郷

日本の古代史を知るうえで、重要な手がかりとなる「日本書紀」。長年研究がつづけられていますが、事実かどうか判然としない記述も数多くあります。

そのひとつが、びわ湖畔にうつされた都、近江大津宮です。遺跡どころか、ゆかりの品さえ長らく見つからず、歴史上のミステリーとされてきました。記録に残っているだけでも、江戸時代以降、数百年にわたって調査がおこなわれていますが、都の跡は発見できず、所在地不明の幻の都といわれるようにもなっていました。

ところが、1974年、滋賀県大津市内で巨大な柱のあとが出土します。くわしい調査の結

果、まぎれもない近江大津宮のものであることが判明しました。

近江大津宮の建設を命じたのは、大化の改新の立役者である中大兄皇子。のちの天智天皇です。都をうつす計画は、ある外交上の大問題がきっかけでした。

当時、朝鮮半島には高句麗、新羅、百済という3つの国があり、たがいにはげしく争っていました。新羅は、唐（中国の王朝）と手を結んで、百済に侵攻。中大兄皇子は、同盟関係にあった百済からの要請をうけて援軍を送り、朝鮮半島ではげしい戦いがくりひろげられました。これが白村江の戦い（663年）です。結果は日本・百済連合軍の惨敗。日本は、400艘の船など、兵力のほとんどをうしなったあげく、完全に百済はほろんでしまいます。

日本国内は、この敗戦で騒然となりました。つぎに攻められるのはわが国ではないか。戦いを主導した中大兄皇子は苦しい立場に追いこまれます。さまざまな対策を検討したすえに決断したのは、新たな都をつくることでした。そこで、これまでにない国づくりをおこ

「日本書紀」

近江大津宮の中心にあたる内裏正殿のあった場所。

ない、国政を安定させようとしたのです。

候補地として選ばれたのは、びわ湖の南端に位置する大津でした。しかし、この遷都（都をほかの地にうつすこと）の計画に対し、多くの皇族や臣下、さらには民衆からも猛烈な反対の声があがります。それまで、都をおく場所は、大和や摂津、現在の奈良や大阪の中心部にかぎられていたからです。当時の人々にとって、大津は、大きな湖はあるものの遠い辺境の地でした。都にするなら住みなれた都会がいいとして、遷都反対派は計画中止を求め、過激な行動にでました。町に火がはなたれるなどして、大混乱におちいります。

しかし、中大兄皇子は、けっして遷都の命令をくつがえしませんでした。大津の地にさまざまな利点を見いだしていたからです。ひとつは、新たに同盟を結んだ高句麗との外交です。びわ湖をとおって敵国の新羅をさける日本海ルートは大きな魅力でした。さらに、びわ湖周辺には、朝鮮半島からやってきた人たち、いわゆる渡来人が多く移住していて、先進の文化と技術を手にいれることが容易だったのです。結局、中大兄皇子は、新たな都づくりを強行し、短期間で遷都を実現します。

667年、近江大津宮が完成します。宮殿（内裏ほかの主要施設）の大きさは東西約350メートル、南北約700メートル。回廊や塀が周囲をとりかこみ、中央には政治の中心施設である内裏正殿がありました。遷都の翌年、中大兄皇子は即位し、天智天皇となります。その後も、役人の新しい身分制度として官位を定めたり、日本ではじめて戸籍を導入したりするなど、国の発展のため、おおいに活躍しました。政治的危機を逆手にとり、びわ湖に理想郷をきずくことで、新たな時代を切りひらいたのです。

しかし、都の繁栄は、長くはつづきませんでした。天智天皇が崩御したあと、後継者争いをきっかけに、国を二分する内戦が勃発したのです。壬申の乱（672年）です。大海人皇子（のちの天武天皇）が大友皇子（天智天皇の息子）に勝利します。その後、天武天皇は飛鳥に宮城をかえ、近江大津宮は幻の都となってしまいました。

じつは大海人皇子は天智天皇の弟。兄とともに近江大津宮をきずいた人物です。天智天皇がつくりあげた理想郷は、骨肉の争いのはてにうしなわれてしまったのです。

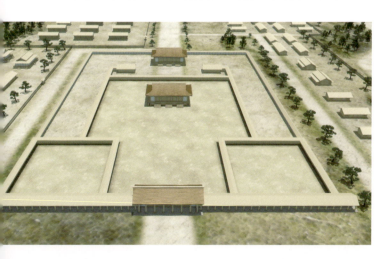
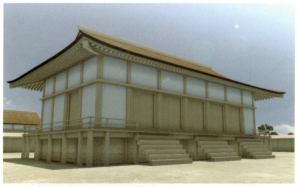

左は近江大津宮の推定復元図（部分）。右は政治の中心的建物である内裏正殿。

Episode.3 究極の句はびわ湖で！ 松尾芭蕉 孤高の挑戦

「古池や蛙飛び込む水の音」
「夏草や兵どもが夢の跡」

松尾芭蕉は、五音・七音・五音のかぎられた言葉で味わい深い情景を伝える俳人です。俳聖とも称される芭蕉が生涯で残した句はおよそ1000句。日本各地を旅し、それぞれの土地で見聞きした事柄を句の題材にしていますが、もっとも多くの句をよんだ場所は、びわ湖をのぞむ近江です。いったい、この土地の何が芭蕉の心をとらえたのでしょうか。

山形県の立石寺（山寺）に建てられている松尾芭蕉の像。

江戸時代のなかごろ、芭蕉は、近江国（今の滋賀県）から南に山をこえた伊賀国（今の三重県西部）の上野で、下級武士の次男として生まれました。幼いころから秀才ぶりを発揮し、上役の子のおつきとして勉学にはげみます。そのころに出合ったのが、当時、ちまたで大ブームとなっていた俳諧でした。俳諧とは、複数の参加者がひとつらなりの句をつくる言葉遊びです。発句とよばれる最初の句、五・七・五に対して、七・七の句をよみ、あとは意味をつなぎながらくりかえします。

俳諧の本質は滑稽です。つまり、おもしろおかしいことです。俳諧の楽しさにすっかり魅了された芭蕉は、たゆまぬ努力で才能をみがきつづけました。そして、29歳のとき、安定した武士の身分をすて、俳諧で身を立てることを決意したのです。故郷をはなれ、俳諧の中心地だった江戸（今の東京）へむかうと、芭蕉は、またたくまに頭角をあらわし、俳諧の先生である「宗匠」となります。しかし、成功の一方で、ただの言葉遊びでは満足できなくなっていました。

芭蕉は、俳諧の質をさらに高めるために旅にでます。芭蕉の名を世間に知らしめた紀行文の「おくのほそ道」や「野ざらし紀行」には、長きにわたった旅のようすが詳細につづられています。

そして、あの有名な句が生まれました。
「閑かさや岩にしみ入る蟬の声」

芭蕉が到達したのは、上品で奥深い世界でした。風雅の境地を俳諧で表現し、言葉遊びだった俳諧を文学の域にまで高めたのです。

1690年、芭蕉は47歳のとき、びわ湖畔の大津をおとずれます。そこで数日、体を休め、故郷の伊賀へむけて出発する予定でした。しかし、弟子が用意した山あいの庵ですごすうち、びわ湖の美しい景観が気にいって、滞在を延期するようになります。

芭蕉は、「幻住庵記」にこう記しています。
「齢五十になろうというわたしは、びわ湖の波にただようがごとくこの地へたどり着いた。かりそめにはいった山だが、もはやほかの土

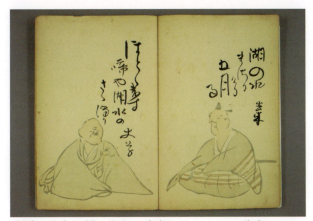

芭蕉の弟子の姿と俳諧が掲載されている「俳諧三十六歌僊」（早稲田大学図書館所蔵）。左は内藤丈草、右は向井去来。

地にいきたくない」

　近江の弟子たちも、芭蕉の心をひきつけました。身分はさまざまで、みな俳諧においては素人同然でしたが、純粋に楽しむ姿がかえって芭蕉には心地よかったようです。素朴な近江の弟子たちは、あらためて俳諧の楽しさを思いださせてくれたのです。

　結局、芭蕉の滞在は、2年もの長きにわたりました。そして、近江での経験は芭蕉の作風に大きな変化をもたらしたといわれます。たとえば、びわ湖の南岸の堅田でよんだ句です。
「海士の屋は小海老にまじるいとど哉」
「いとど」はコオロギの仲間。漁師の家の軒先で、湖でとった小海老にまじり、虫がとびはねているさまをよんでいます。日常の言葉を使って日々の暮らしをよんだ句で、風雅のきわみを目ざした句とは対極にあります。こういった句は"かるみ"とよばれ、それまでにない俳諧のかたちとして世間をおどろかせたのです。高いこころざしをもって日常にもどること——。"かるみ"は芭蕉がたどりついた新境地でした。人間を深くいつくしむ句は、びわ湖の風土に身をおき、近江の弟子たちと心から交流をかさねた日々のすえに生まれたのです。

　1694年、芭蕉は、近江をはじめとする各地の弟子たちに見守られながらこの世を去ります。享年51。遺言により、なきがらは、びわ湖近くの義仲寺（滋賀県大津市）に埋葬されました。
「湖や暑さを惜しむ雲の峰」
　芭蕉が残したびわ湖の句です。山あいの伊賀で生まれ育ち、都会の江戸で活躍した芭蕉ですが、人生最後の瞬間まで愛したのは、大海のごときびわ湖だったのです。

松尾芭蕉の句碑

びわ湖近くにある義仲寺（滋賀県大津市）の山門（上）と芭蕉の墓（左）。

愛と信念は海を越えて
〜鑑真と弟子たち 7000kmの旅路〜

国宝に指定されている唐招提寺金堂（奈良市）。本尊の盧舎那仏坐像などが安置されている。

Episode.1 鑑真和上坐像の秘密

　奈良市にある唐招提寺。由緒あるこの寺をひらいたのは、中国大陸からわたってきた僧侶、鑑真です。中国でも屈指の高僧として知られた鑑真が、なぜ海をわたって日本にやってきたのか——。鑑真と弟子たちの7000キロの旅路をたどります。

　奈良時代につくられた鑑真和上坐像は、日本最古の肖像彫刻といわれます。肖像彫刻とは、実在する人物をモデルにしてつくった像のこと。それ以前の日本には、神や仏の像はありましたが、人の姿を模した像はありませんでした。鑑真像は、鑑真の生前、弟子たちの手によってつくられたもので、実際の鑑真にそっくりだと伝えられています。

　鑑真像は毎年3日間しか公開されていないため、唐招提寺には、いつでも像をおがみたいという声が多くよせられていました。そこで、2011年、「御身代わり像」をつくるプロジェクトがはじまったのです。担当したのは文化財の修理を手がける専門組織、美術院の特別チーム。制作には当時の技法である脱活乾漆がもちいられました。まずは木材と粘土で原型をつくり、それをおおうように麻布をはってかためます。かわいたら原型をかきだし、張り子のような状態に。表面に漆のペーストをぬって形をととのえ、色をつけて完成です。

　当時の技法を再現することで、新しい事実

唐招提寺御影堂（国宝）

鑑真 (688〜763年／飛鳥・奈良時代)

■ プロフィール

唐（中国の王朝）出身の高僧。揚州の大明寺で戒律を講じる。742年に日本からわたった僧、栄叡と普照に請われ、日本への渡航を5度くわだてるが、密告や嵐による遭難でいずれも失敗。鑑真は失明するも、754年、6度目の挑戦で成功。来日をはたして奈良の都へはいる。奈良の東大寺などに戒壇院を設立し、戒壇の制度を確立させた。唐招提寺を創建し、76歳で亡くなる。鑑真の姿を模してつくられた鑑真和上坐像は、日本最古の肖像彫刻といわれる。

鑑真（唐招提寺蔵）

がつぎつぎと明らかになりました。ひとつめの発見は、鑑真像にある謎のでこぼこについてです。おなじ技法でつくられた別の像では、仕上げにヘラを使い、漆のペーストがきれいにととのえられています。しかし、鑑真像では、指で漆をつけたため、でこぼこが生じたのだと推定されます。弟子たちが鑑真の姿をけんめいに指でうつしとろうとしたのでしょう。このでこぼこは、弟子たちの鑑真への思いと努力のあとなのかもしれません。

ふたつめの発見は、素材についてです。通常、この大きさの脱活乾漆像に使われる麻布は、1センチあたり縦横8本の糸で織られていますが、鑑真像の麻布は、縦横20本の糸で織られていました。細い糸で織られた目のつまったうすい生地です。うすい生地を使用すると、くずれやすい像になってしまうはずですが、なぜ、わざわざそんな生地を使ったのか。専門家チームは、この麻布は鑑真が実際に身につけていた衣だと推定します。御身代わり像の制作では、生地の状態を本物に近づけるため、麻布をたたき、繊維をやわらかくしました。しかし、織り目がこまかいために漆がはいりにくく、生地が思いどおりの形にはれず、作業は難航しました。たとえ時間はかかっても、師匠が着た衣で像をつくりたい。そんな弟子たちの熱意が伝わってくるようです。

3つめの発見は、像の全身に油がぬられていたことです。これは、鑑真像がつくられた当時、中国で使われていた技法です。像の表面を保護するとともに、色に深みをだす効果があるそうです。油をぬると、よりあたたかみのある色となり、いきいきとした人肌に近づきました。

2013年、ついに御身代わり像が完成しました。今は唐招提寺の開山堂に安置され、毎日公開されています。

2013年6月、御身代わり像に魂をいれる開眼法要がいとなまれ、約1000人の参列者が見守った。右は公開されている御身代わり像（御影像）。

Episode.2 鑑真はなぜ日本に？

　日本に仏教が伝来したのは538年のこと。その普及に力をいれたのが聖徳太子でした。太子は、こんな予言をしたといわれます。
「今から200年後、仏教はますますさかんになるであろう」
　しかし、それからおよそ200年後の奈良時代、仏教はさかんになるどころか、逆におとろえ、僧侶のなかには、女性を近づける者や酒を飲む者があらわれ、また、勝手に僧侶を名乗る者などもいました。
　当時、仏教のさかんな唐（中国の王朝）では、戒律で僧侶の行動をきびしく律していました。生き物を殺してはいけない、盗みをしてはいけない、うそをついてはいけない、みだらな行為をしてはいけない……。唐では、こうした戒律を守ることをちかった者だけが僧侶になれたのです。危機感をいだいた日本の帝、聖武天皇は、唐へ使者を送って戒律にくわしい僧侶を日本につれてくるよう命じます。白羽の矢が立ったのが、ふたりの若い僧侶でした。興福寺の僧、栄叡と、大安寺の僧、普照です。
　733年、唐にわたったふたりは、日本にきて戒律を伝えてくれる僧侶はいないかと、各地をたずね歩きます。しかし、遠い異国の地である日本まで、わざわざいこうという僧侶はなかなか見つかりません。目的をはたせぬまま、9年の歳月が流れました。
　栄叡と普照は、唐で第二の都市、揚州にある大明寺にたどりつきます。そこに、鑑真という著名な高僧がいました。当時55歳。鑑真が戒律をさずけた弟子は、唐全土で4万人にのぼったといわれています。ふたりは、鑑真の弟子たちのなかで、日本にきてくれる者がいないか、説得をはじめます。しかし、だれひとり手をあげようとしませんでした。当時、日本への航路にあたる東シナ海では、強風や高波で船が遭難し、命を落とすことが少なくなかったからです。
　ところが、ふたりが聖徳太子の予言を紹介すると、状況が一変します。
　今がまさに、太子のいわれた200年後だと聞いた大明寺の僧侶たちは、おどろきをかくせません。というのも、中国のある伝説にそ

大明寺（中国・江蘇省揚州市）の大雄宝殿。

っくりだったからです。その昔、中国で多くの人々にうやまわれていた高僧が亡くなり、のちに日本の王子に生まれかわって、日本で仏教をさかんにしたという伝説です。

鑑真がみずからいいました。
「仏法のためなら、命などおしくはない。わたしが日本へいこう」

弟子たちもそれにつづき、鑑真とともに日本行きを申しでました。

しかし、大きな問題がありました。当時、唐の人間が国外にでることは、法律でかたく禁じられていたのです。そこで、弟子たちは、霊山として名高い天台山（浙江省）へ参詣するという名目で船を用意し、日本へわたる計画を立てます。半年がかりで準備し、743年、いよいよ出航というときになって、事件がおこりました。日本行きをこころよく思わない弟子の密告で、一行が逮捕されてしまったのです。栄叡と普照は、4か月にわたる獄中生活のすえ、日本に帰国することを条件に釈放されます。

しかし、ふたりはあきらめません。鑑真の気持ちもかわることはありませんでした。

2度目の日本行きへの挑戦がはじまります。今度は、鑑真みずからがお金をだして船を調達。秘密裡に渡航の準備をすすめ、船は無事に港をでました。しかし、嵐に遭遇して座礁。船が大破してしまいます。冬の海に投げだされた一行は、遭難して飢えとのどの渇きに苦しんだすえ、海上警備の役人に救われて命をとりとめました。

3度目の挑戦は、またも密告により発覚。普照はからくも難をのがれますが、栄叡は鑑真に密出国をそそのかしたとして逮捕されます。4度目の挑戦は陸路からです。寺の巡礼をよそおって船が待つ港へむかいましたが、またもや密告で全員拘束。鑑真は、地元の揚州に送還されてしまいました。

こうして、4度にわたる日本行きへの挑戦は、すべて失敗におわったのです。

日本の仏教美術にあたえた影響

新宝蔵は、唐招提寺の文化財を管理・収蔵するための建物です。保管されている木彫りの仏像は、鑑真が唐からつれてきた職人たちがつくったものともいわれています。木造薬師如来立像は、1本の栢の木から彫りだされた「一木造り」という技法でつくられています。これは当時、中国で最先端の技術。これよりのち、平安時代のはじめまで、日本の仏像造りは一木造りが主流となりました。鑑真は日本の仏教美術にも大きな影響をあたえたのです。

新宝蔵

一木造りの木造薬師如来立像（重要文化財）

Episode.3 弟子たちとの別れ

　鑑真は、それでも日本への渡航をあきらめませんでした。監視の目がゆるむのを待って4年がたった748年、5度目の日本行きにいどみます。鑑真一行は順調に船出しました。ところが、嵐に遭遇して、船は大きく航路をはずれて漂流し、半月ものあいだ、南に流されてしまいます。台湾のはるか南、揚州からおよそ2000キロもはなれた海南島にたどりつきました。鑑真一行は、やむなく大陸にわたり、出発地の揚州まで陸路を引きかえします。

　そして、これまでの旅の疲れからか、栄叡が病にたおれてしまいます。唐にきて16年、栄叡は、遠い異国でこころざしをはたせぬまま亡くなりました。

　ともに日本からやってきた同志、栄叡をうしなってしまった普照は、密告があいつぐのも、日本人である自分がいるからかもしれないと思い、ある決意をします。

「鑑真様、日本人のわたしがおそばにいると、また役人のとがめをうけましょう。これ以上、鑑真様にご迷惑をおかけすることはできません。ここでおわかれし、わたしは身をかくします」

　すると、鑑真はこたえました。

「普照よ、われらは日本に戒律を伝えるべく、これまで何度も海をわたろうと苦心をかさねてきた。ともに日本へおもむき、本望をとげようではないか」

　しかし、普照は、鑑真のもとからはなれていきました。鑑真一行とわかれた普照は、役人の目をのがれ、ゆくえをくらましたのです。

　その後、鑑真の身にも異変がおきます。目の病気にかかり、失明してしまったのです。

　それから3年たった753年、思いもよらないできごとがおこります。日本が20年ぶりに遣唐使船を派遣し、その帰国便で鑑真たちをひそかに出国させようとしたのです。

　ところが、いざ乗船というときになって、遣唐使の総責任者である大使が鑑真の乗船を拒否します。鑑真を国外につれだすという違法行為が、日本と唐との外交問題になることを、乗船直前になっておそれだしたのです。もはや万事休すかと、一行が引きかえそうとしたまさにそのとき、大使につぐ責任者が声をかけました。

遣唐使船【イメージ画像】

「鑑真様のこれまでのご苦労は、さる者からすべて聞いております。わたしどもの船にお乗りください」

鑑真のことを伝えていたのは普照でした。こうして、鑑真と普照、そして24人の弟子たちは遣唐使船に乗りこみました。鑑真は、この6度目の挑戦となった約1か月の航海をへて、ようやく日本にたどりついたのでした。

754年、奈良の平城京に到着した鑑真一行は、都の人々の盛大な歓迎をうけます。鑑真は、日本の僧侶たちに戒律を守ることをちかわせ、僧侶のあるべき正しい道を説きました。そして、その後の日本の仏教をになう多くの僧侶を育てていきます。

鑑真は晩年、日本初の私立寺院、唐招提寺をひらきました。そして、境内に戒壇をきずいて、僧侶たちに戒律を守るちかいを立てさせます。その後、鑑真は76歳で亡くなりますが、生前、弟子たちは鑑真和上坐像をつくりました。

唐招提寺の境内にある「戒壇」。

唐招提寺では、毎月6日、鑑真の月命日に、すべての僧侶が鑑真像の前に集まります。そこで僧侶たちはお経を読み、鑑真が苦難のすえに中国から伝えた戒律を守ることができているか、みずからの胸に問うのです。

7000キロの旅路のはてに、ようやく日本にたどりついた鑑真と弟子たち。困難に負けず、信念をつらぬきとおしたそのこころざしは、今も人々の心のなかで生きつづけています。

鑑真和上坐像の里帰り

　1980年、鑑真は1200年ぶりに中国に里帰りをはたします。鑑真和上坐像が故郷、中国の揚州で展示されることになったのです。中国から海をわたり、日本に仏の教えを伝えた鑑真にひと目会いたいと、沿道には30万もの人がつめかけ、中国は鑑真ブームにわきました。

　1960年代、中国で文化大革命がおしすすめられたころ、仏教は受難の時代をむかえています。多くの仏像が破壊され、僧侶は追放されました。鑑真像の里帰りは、仏教が見なおされるきっかけとなり、中国仏教復活の機運が高まります。

　2006年、鑑真が戒律を教えた大明寺には、鑑真にちなんだ学校が開設されました。その名も「鑑真学院」。ここでは、多くの学生が鑑真のように海外で活躍する僧侶を目ざして学んでいます。

中国にわたり展示された鑑真和上坐像。

愛と信念は海を越えて　〜鑑真と弟子たち　7000kmの旅路〜

和食はどうしておいしくなった⁉
～時代の主役たちが育んだ食の遺産～

今や世界が注目する和食。味だけでなく、栄養バランスや見た目の美しさ、器の形状などにも日本人の心がこめられている。

Episode.1　和食の三大革命　①禅僧クッキングで悟る

　2013年、「和食」がユネスコ（国際連合教育科学文化機関）の無形文化遺産に登録されました。四季折々の食材をいかし、栄養バランスにもすぐれていることなどが国際的に高く評価されたのです。

　和食をはぐくんできたのは、いうまでもなく日本の自然と歴史ですが、その発展の節目節目には立役者がいました。和食の進化の裏でくりひろげられた3つの革命の物語を紹介します。

　福井県にある永平寺は、1244年、鎌倉時代の名僧、道元禅師が坐禅の修行道場としてひらかれました。以来、現在にいたるまで、多くの僧侶がきびしい修行をつづけています。

　寺では、掃除をはじめとする日常のおこないすべてが修行です。日々の食事もまた修行のひとつとされてきました。典座という役職の僧侶は、寺の食にまつわるすべてをとりしきっています。厨房でつくられるのは、いわゆる「精進料理」。仏教の戒律にもとづき、肉や魚は使わず、野菜や穀類、豆など、植物性の材料を使用します。精進料理は、もともと中国で発達したものでした。それを日本の留学僧たちが仏教の最新知識とともに日本へもち帰ってきたのです。道元禅師も、そんな修行僧のひとりでした。

永平寺の大庫院。典座寮とよばれる台所がある。

道元（1200〜1253年／鎌倉時代）
千利休（1522〜1591年／室町・安土桃山時代）

■ プロフィール

道元禅師は、鎌倉時代初期の禅僧。日本曹洞宗の開祖。1223年、24歳のときに宋（中国の王朝）にわたり、曹洞禅を学ぶ。1227年に帰国。ひたすら坐禅する只管打坐を説き、「正法眼蔵」などをあらわす。京都から越前国（今の福井県北東部）にうつり、永平寺を創建。

千利休は安土桃山時代の茶人。千家流の創始者。幼名は与四郎。堺の商家に生まれた。客をまねいて茶を楽しむ茶の湯を学び、「侘び茶」の大成者となる。70歳のとき、豊臣秀吉の命令により切腹。

道元禅師（宝慶寺蔵）

千利休（堺市博物館蔵）

　1200年、京都に生まれた道元禅師は、12歳で仏門にはいり、各地の寺で修行をかさねます。そのなかで坐禅のすばらしさを知り、さらに研鑽を深めるため、24歳で宋（中国の王朝）へ旅立ちます。

　宋では、お釈迦様が悟りをひらかれた坐禅の教えとともに、精進料理の高度な技術も学びました。食事に対する典座の心得がきちんと定められ、精進料理も発展していました。精進料理は、五味（辛・酸・甘・苦・塩）に「あわい（淡味）」をくわえた六味を基本とし、五法（生・煮る・焼く・揚げる・蒸す）で素材をいかしながらつくられていますが、生き物の命をいただくという心がたいせつだとされています。

　道元禅師も修行の一環として、精進料理の技術を学びます。ある日、道元禅師は、ある老いた典座に、ひとつの問いを投げかけます。

道元禅師は、寺の食事全般に関する教えを「典座教訓」（永平寺蔵）にまとめている。

「仏道における修行の本質とは、いったいなんなのでしょうか」

　典座はこたえました。

「仏道修行とは、日々の暮らしそのものである」

　食事をつくることも食べることも、坐禅や読経とおなじく、また尊い修行であるという典座の言葉に、道元禅師は修行のなんたるかを知らされます。

　宋での4年4か月にわたる修行ののち、道元禅師は帰国します。お釈迦様の坐禅の真髄である禅宗と精進料理の高度な技術をもち帰りました。当時、日本の調理の技術は未発達で、味つけのバリエーションも少なかったのですが、そこへ、道元禅師たち禅僧が精進料理のさまざまな調理技術をもたらしたのです。

　道元禅師は、修行道場において、食事に対する考え方を根本からあらためさせようと決意します。日常のおこないに真剣にむきあうことが修行であり、悟りにつながるのだと、強く説きました。

　そして、この教えこそが、切ってならべるだけにひとしかった日本の料理を大きくかえる第一歩となったのです。

Episode.2 和食の三大革命 ②武士たちの料理ショー

　道元禅師の時代から100年ほど時がくだった1336年、足利尊氏が室町幕府をひらきます。軍事力を背景に、武士の権力は絶対的なものになっていきました。それにともない、兵や物資を移動させるため、各地をつなぐ街道や海上交通が急速に整備されます。おかげで物の行き来もさかんになりました。

　ここで注目したいのが、昆布とかつお節というふたつの食材です。これが普及したことで、「だし」が完成したといわれます。昆布やかつおは古くから食べられていましたが、調理の基本として、だしが使われはじめたのはこのころと考えられています。おかげで和食の味わいは深みをまし、いっそう進化をとげることになりました。

　さらに、将軍や大名など、有力な武士たちが和食の形式を発達させていきます。彼らは、権力をしめす手段として、料理を利用したのです。当時の有力者にとってだいじなのは、儀礼や行事でした。宴会もだいじな行事のひとつです。そのため、料理をどれだけ豪華にできるかは、きわめて重要な問題だったのです。なかでも、「御成」とよばれるものは特別でした。御成は、主君が家臣の屋敷をおとずれるなどして、もてなしをうけるというものですが、家臣にとっては、主君に対してアピールする絶好の場でもありました。

　多くの御成がおこなわれるうち、料理の形式がととのえられていきます。それ以前の貴族たちの宴会は、中国の影響をうけていて、大きなテーブルにみんなの料理をのせる方式でしたが、このころから一人前の料理を膳にのせ、個々に提供するようになります。また、食べるときは、箸だけでなく、さじ、すなわちスプーンも使っていたのが、箸だけを使うようになります。やがて、これらは「本膳料理」とよばれ、わが国独特の食事法として完成していきます。

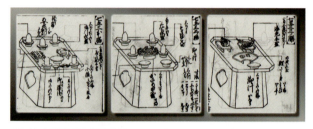

本膳料理では膳の数や皿の数まで決められていた。上は「当流節用料理大全」（大阪府立大学総合図書館中百舌鳥所蔵資料）、下は「山内料理書」より。

　そして、御成は、主君に気にいられようとする武士たちによって、ますますエスカレートします。豪華さを競い、しだいに規模が大きくなりました。そこで登場するのが、本膳料理をつくるプロの料理人たち。包丁のあつかい、料理の盛りかたなど、すぐれた技術をもち、流派をつくって腕を競いました。

　室町時代最大級ともいわれる御成の記録が残されています。1561年、幕府でもっとも有力な大名、三好長慶と息子の義興が、13代将

軍の足利義輝をむかえたときのものです。本膳料理を手がける流派として名高い進士流などが総出でとりかかったといいます。

この御成では、いったいどんな料理がならんだのでしょうか。三好家ゆかりの地、徳島県藍住町に、御成の料理を再現した人がいます。和食料理人の大塚計次さんと、食文化研究家の江後迪子さんです。

本膳料理7膳とお菓子をあわせて計43品。これで一人前です。食材は、西日本を中心に各地からとりよせられました。味つけは、おもに塩、酒、酢、さらにこの時代に広まった、だしなどが使われたと考えられます。

これらの本膳料理は、身分によって品数はちがいますが、お供のぶんまで用意されました。全部で1000人前をこえます。

武士たちの権力をしめすための御成が本膳料理を生みだし、それが日本の正式な食事法として、現代にまでうけつがれることになったのです。

御成の料理を再現したもの。これで一人前だという。

じつは、御成のあと、さらに酒宴があり、今でいう二次会がおこなわれていました。三好家主催の御成では、17もの膳にわけて、高級食材や珍味ばかりの料理が用意されました。そのうえ、庭には舞台がもうけられ、能が上演されました。宴は夜をてっしてつづけられたようです。

記録では、御成のために屋敷の改築や新築までおこなった人もいたといいます。体面を重んじる武士たちにとって、御成を成功させることは、本当に重要だったようです。

平安時代の貴族の食事

本膳料理ができる前の平安時代の貴族の食事を見てみましょう。

当時の日本で最高の料理の食材は、鯛やアワビ、雉など、現代でも高級なものばかり。しかし、調理のしかたは煮る、蒸す、焼く程度で、味つけの種類も少なかったのです。こうしたなか、道元禅師たち禅僧がもたらしたのが、さまざまな調理技術です。それは、おいしさへの革命ともいえるものでした。

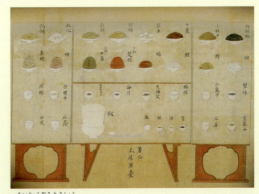

「類聚雑要抄」

Episode.3 和食の三大革命 ③茶の巨人が極めた"おもてなし"

　大阪の堺は、古くから海外との交易でさかえ、商業の町として発展してきました。今から500年前、この地に、ある人物が生まれます。幼名は与四郎、のちに茶の湯の名人とたたえられる千利休です。海産物の取り引きなどで財をなした堺の商家に生まれた利休は、幼いころから、跡とりにふさわしい教育をほどこされました。その一環として学びはじめたのが茶の湯です。

千利休
（堺市博物館蔵）

　お茶は、平安時代に中国から伝わりました。茶の栽培が日本で普及すると、お茶を飲む習慣も広まってきて、室町時代にはいると、作法を重んじる茶の湯が流行します。亭主とよばれる主催者が、客に茶をふるまう茶会がひんぱんにひらかれました。

　茶会は、正式なものでは食事もだし、半日ほどかけておこなわれました。しかも、室町時代は料理が主で、肝心の茶はそえものでした。贅をつくした本膳料理がならんだのですが、記録によると、酒に酔って亭主が茶をたてる機会さえ見いだせないなど、実態はただの宴会だったようです。

　こうした状況を憂い、あらためようとした人たちのなかのひとりが、利休の師匠だった武野紹鷗です。本来の目的である茶に目をむけるため、料理とのバランスをとるべきだと考えた紹鷗。茶会でふるまう食事は、汁物一品とおかず三品までで十分であると弟子たちに教えました。これが茶人、利休の原点となります。

　1544年に利休がはじめて主催した茶会の記録が残っています。つくしと豆腐の汁にうどの和えもの。質素ながらも、季節感をいかした一汁三菜の献立です。しかし、利休は、それで満足したわけではありません。たとえ、一汁三菜でも、客人をもっと満足させる料理をふるまいたいと考えます。

千利休がはじめて主催した茶会でだされた料理。「松屋会記」の記録にしたがって再現したもの。

　大阪府堺市に建つ南宗寺は、利休が若いころ、精神修養のために足しげくかよった寺です。茶会にふさわしい料理をさがし求めていた利休は、ここであるヒントを得たと考えられています。それは精進料理です。道元禅師がひらいた永平寺と同様、禅宗だったこの寺

南宗寺（大阪府堺市）

では、修行をつむ者に精進料理がだされていました。素材をたいせつにし、くふうをこらしてつくられる料理の数々。利休は、これらをもとに自分が理想とする茶会むけの料理を編みだします。

茶道研究家の筒井紘一さん、曜子さん夫妻の協力で、利休の茶会の料理を再現していただきました。参考にしたのは、利休の茶会が完成の域に達したとされる晩年、1590年のある日の献立です。だされたのは、野菜の汁物に、かまぼこ、くろめといわれる海藻を炊いたもの、ふなのなますの一汁三菜。見た目の派手さこそありませんが、利休は、客をよろこばせるくふうをさまざまにこらしていました。そのひとつが膳のだしかたです。使用人を使わず、亭主がみずから膳を運びました。そうすることで、亭主が心から歓待しているさまをあらわしたのです。

また、利休の心配りは、料理一品一品にもこめられました。あたたかいものはあたたかいうちに、冷たいものは冷たいうちにだして、料理をもっともおいしい状態で食べられるように心がけました。さらに旬の食材を使い、季節にあった調理をほどこします。料理のすべてにおいて、タイミングをたいせつにしたのです。

客をむかえるために心をつくした利休の料理は、のちに「懐石料理」とよばれるようになります。利休が完成させた懐石料理は、質素なものであっても、四季折々の食材をいかし、おいしさを最大限に引きだすものでした。何よりも和食をおいしくしたのは、食べる人を気づかう"おもてなし"の心だったのです。

その後、懐石料理は、弟子たちによってうけつがれ、江戸時代にはいると、庶民のあいだにも広まり、さらに発展していきました。

わたしたち日本人の歴史とともにはぐくまれてきた和食は、世界にほこる文化にまで成長し、今も時代の変化にこたえながら、進化をつづけているのです。

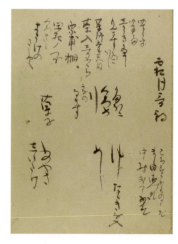

「利休百会記」

「利休百会記」を参考にして再現した一汁三菜の料理。

ザビエル 戦国を行く
～知られざるニッポン　3万キロの旅～

キリシタン（キリスト教徒）の迫害をあらわした絵。江戸幕府はキリスト教を厳しく弾圧し、多くのキリシタンが迫害をうけ、殺害された。

Episode.1　ザビエル　はるかなる冒険の旅へ

　1549年、日本にキリスト教が伝来しました。このとき、宣教師として日本にやってきたのが、歴史の教科書でおなじみのフランシスコ・ザビエルです。日本を旅した最初の西洋人、ザビエルのおどろきにみちた物語を紹介します。

　ザビエルの生まれ故郷、スペイン北東部のバスク地方は、中世からつづく牛追いまつりで知られています。ザビエルの実家は、バスクでも有数の観光名所となっているザビエル城です。ザビエル家は、かつてその地をおさめていたナバラ王国の名門貴族。ザビエルの父は、ナバラ王国の宰相までつとめた王国の重鎮でした。ところが、ザビエルが6歳のとき、ナバラ王国は隣国、スペインの攻撃をうけて滅亡します。混乱のなか、父が病で命を落とすと、その後、ザビエル家は没落の一途をたどりました。

　ザビエルに課せられた使命はザビエル家の再興でした。当時、ヨーロッパ貴族の多くは、騎士として主君につかえ、軍人として手柄をあげることで出世を目ざしました。しかし、主君をうしなったザビエルは学問の道にすすみます。大学で学問をおさめれば、位の高い聖職者になれます。大司教になれば、貴族に

ザビエル城

フランシスコ・ザビエル （1506〜1552年／室町時代）

■プロフィール

日本にはじめてキリスト教を伝えた宣教師。スペインの北東部にあったナバラ王国の貴族の子。イグナティウス・ロヨラと出会い、清貧・貞潔・従順を重んじたカトリック教会の男子修道会、イエズス会の創立に参加。インドでの布教ののち、1549年、鹿児島に上陸。九州、中国、近畿などの各地で2年あまり布教活動をおこなった。ふたたびインドにわたったあと、中国で熱病にかかり、46歳で亡くなる。

聖フランシスコ・ザヴィエル像
（神戸市博物館所蔵）
Photo : Kobe City Museum / DNPartcom

匹敵する富と権力をもつことも夢ではありませんでした。

1525年、ザビエルは19歳で、名門のパリ大学へ入学します。専攻は哲学。入学して5年で学位を取得し、その後も一族再興のため、勉強に明けくれました。そんなある日、ザビエルの大学の寮に、イグナティウス・ロヨラという転入生がやってきます。彼はザビエルに、思いがけないことをいいだします。
「いっしょに海のむこうへ布教の旅にでよう。世界は広い。はるか東にある国々を見たいと思わないか」

当時は大航海時代の真ったださなか。コロンブスがアメリカ大陸に到達し、ポルトガルの船がインドに着いて30年あまり。多くの若者が危険とロマンにみちた冒険の旅へと乗りだしていました。ザビエルは、宣教師として海外にでることを決意します。

1541年、ザビエルは35歳のとき、インドでの布教を目ざして、ポルトガルのリスボンを出航します。ところが、赤道まできたところで風がやみ、船は立ち往生。猛烈な暑さのなか、のどの渇きと病で多くの人が亡くなります。1か月後、風がふきはじめたと思ったら、船はインドと逆方向の南アメリカへむかっていました。逆むきの風を待って、大西洋をもう一度横断し、アフリカのモザンビークまでくると、ザビエルは熱病で生死の境をさまよいます。再出発できたのは半年後。目的地であるインドのゴアに着いたのは、出発から395日目でした。

当時、ゴアには、数千人の西洋人が暮らしていました。ザビエルは、この町を拠点にしてインド各地をまわり、キリスト教の布教活動をはじめます。しかし、なかなかキリスト教を根づかせることはできませんでした。リスボンをでて6年、布教にゆきづまりを感じはじめたある日、見なれない東洋人の男があらわれます。
「わたしは故郷で人を殺めて、ここまで逃げてきました。わたしの罪はゆるされますか」

男の名はアンジロー（弥次郎）。ザビエルが出会った最初の日本人でした。

Episode.2 ザビエル　未知の国ニッポンへ！

　薩摩国（今の鹿児島県）出身の日本人、アンジローは、自分がおかした罪の重さに苦しんでいました。故郷でいさかいをおこし、もののはずみで人を斬り殺してしまったのです。故郷にいられなくなった彼は、たまたま停泊していたポルトガル船にとび乗ったというのです。
「わたしは、さほどの罪はおかしていない者の命をうばった。とりかえしのつかないことをしてしまった」
　良心の呵責に苦しんでいたアンジローは、ザビエルに会うことをすすめられます。海外に脱出したアンジローは、ザビエルに会うと、こうたずねました。
「わたしの罪はゆるされるのでしょうか」
「アンジロー、神は、たとえ罪人であってもわけへだてなくお救いになられます。わたしも、あなたのためにともに祈りましょう。これまでのおこないを悔いあらためれば、あなたは必ずゆるされます」
　たとえ罪人であっても救われる。だから、いっしょに祈ろうというザビエルの言葉に、アンジローは深く心をうたれたといいます。
　翌日から、アンジローの生活は一変します。彼は、毎日、熱心に教会へかよいました。もともと九州の薩摩で貿易の仕事をしていたアンジローは、ポルトガル語が理解できました。もっと神の教えについて知りたいと思い、朝から晩までザビエルのそばにいて、質問します。アンジローのなみなみならぬ好奇心の強さに、ザビエルは興味をもちはじめました。
「日本人は、だれもがあなたのように知識を求めるのですか？」
「新しいものには、みんなおおいに興味があります」
　そこで、ザビエルは決断します。
「アンジロー、わたしはあなたの国へいきたい。どうか力を貸してください」
　日本でなら、理想とする布教が実現できるにちがいない――。ザビエルは、未知の国、ニッポンへむかうことにしたのです。
　1549年、ザビエルとアンジローが日本に到着します。アンジローの生まれ故郷、薩摩国の桜島のほど近くに上陸しました。薩摩の大名の島津氏に面会し、領内での布教のゆるしを得たザビエルは、さっそく町へでて布教をはじめます。
　このとき、ザビエルが説いた神の教えはたいへんユニークなものでした。キリスト教の神、デウスを日本人になじみのある大日如来におきかえて説明していたのです。そうすることで、文化の壁を乗りこえようとしました。

ザビエル上陸記念碑（鹿児島市）

大日如来

聖母マリア

ほかにも、聖母マリアを観音菩薩に、パライソ（楽園）を極楽浄土にするなど、聖書の言葉をつぎつぎと仏教用語におきかえ、日本人にわかりやすいように説明したようです。

ザビエルたちは、天竺（インドのこと）からやってきた仏教の一派「天竺宗」とよばれ、親しみをもってうけいれられました。ザビエルは、インドのゴアへこんな手紙を送っています。

「アンジローの故郷では、みながわたしを歓迎し、熱心に神の話を聞いてくれました。この国の人々は、物事のことわりを知りたがります。あるとき、地球は丸いと話して聞かせたら、それはどういうことかと質問攻めにあいました。これほど知識欲のある国民を見たことがありません」

ところが、日本にきて1年がたち、信者も順調にふえて100人をこえたころ、突然、神の教えを説いてはならぬというおふれがだされます。それは、急速に広がりを見せるキリスト教に危機感をいだいた仏教僧たちが、天竺宗は御仏を語ったにせものだとして、布教活動を禁ずるよう島津氏にはたらきかけたからでした。

すると、ザビエルは、島津氏をとびこえて天皇に直訴しようといいだしました。アンジローは、あまりに無茶だと反対します。当時は戦国時代。毛利元就や織田信長、武田信玄といった名だたる戦国大名が、各地ではげしい戦いをくりひろげていました。

しかし、ザビエルはいいました。

「戦乱の世だからこそ、救いを求める人がおおぜいいるはずだ。わたしはいかなくては」

ザビエルは、信頼するアンジローを薩摩に残し、信者を守ることをたくしました。目ざすは遠くはなれた京の都。西日本を横断する1000キロの旅がはじまりました。しかし、ザビエルには、当時の日本のきびしい現実が待ちうけていたのです。

ザビエルの髪形

「聖フランシスコ・ザヴィエル像(部分)」(神戸市博物館所蔵)
Photo：Kobe City Museum / DNPartcom

― トンスラ

― イバラの冠

フランシスコ・ザビエルといえば、まず思いうかぶのはやはり髪形ではないでしょうか。頭のてっぺんを剃ったスタイルは"トンスラ"といって、修道士であることをしめす髪形です。イエス・キリストが磔にされたとき、頭にかぶせられたイバラの冠を模したものともいわれています。でも、ザビエルをえがいたほかの絵を見てみると、トンスラではありません。これらの絵は、すべてザビエルが亡くなったあとにえがかれたもの。生前にどんな髪形だったのかは、本当のところ、わからないようです。

Episode.3 ザビエル 知られざる戦国の大冒険

　1550年秋、ザビエルは、薩摩に立ちよっていたポルトガル船で出発します。船の目的地は九州北部の平戸。南蛮貿易でにぎわっていた町でした。ザビエルたちは、そこで船をおり、徒歩で京の都を目ざします。

予定のルート　　実際のルート

　道中、民家に泊めてもらい、托鉢で食料をわけてもらいながら都まで、およそ600キロの道のりを数か月かけて踏破する予定でした。一行は、ザビエルと後輩修道士のフェルナンデス、鹿児島で最初に洗礼をうけた日本人、ベルナルドのたった3人。旅は想像以上に過酷なものとなりました。

　当時は戦がひんぱんにあったため、道中ではさまざまな危険にみまわれました。12月、今の山口県にさしかかると、きびしい冬がザビエルたちをおそいました。防寒の用意もなく、着の身着のままだったため、身なりはぼろぼろになります。子どもたちに石を投げつけられたこともありました。

　たえがたいほどの空腹で一歩も動けなくなったこともあります。そんなとき、たまたまとおりかかった村人が食べ物をわけあたえてくれました。まずしくとも、こまった人には手をさしのべてくれる。そんな人々との出会いに、ザビエルは元気をとりもどします。

「この国の人々は、みなまずしい暮らしをしています。でも、まずしさを恥とは思っていません。彼らは、ほこりをたいせつにして生きています」

　港町の岩国では、親切な侍の一団の申し出があり、堺まで船に乗せてもらえることになりました。さらに、知らない町でこまらないようにと、知り合いを紹介してくれる人があらわれます。大阪の堺に着いたザビエルたちがその家をたずねると、そこは大金持ちの屋敷。長旅で疲れきった一行を待っていたのは、心のこもったおもてなしでした。

「この国の人々は、とても親切にしてくれます。このように善良な人たちは、ほかにいないのではないでしょうか」

　薩摩をでてから4か月後、たくさんの人々にささえられ、ザビエルはついに京の都にたどりつきます。しかし、そこで見たものは、荒れはてた都の姿でした。当時の都は、戦乱によって多くの建物が焼失し、焼けだされた人々が通りにあふれていました。略奪が横行し、無政府状態におちいっていたのです。ザビエルがたのみの綱だと考えていた天皇は、大名や民衆をしたがわせる力をすでにうしなっていました。それでも、ザビエルは御所をたずねますが、なんのつてもない一行は門前払い。天皇との面会は、まったくかないませ

大友宗麟

んでした。

　ザビエルは、都をあとにすると、九州の豊後国（今の大分県）へとむかいます。その地をおさめていたのは、南蛮文化やキリスト教に理解のある大名の大友義鎮。のちの大友宗麟です。ザビエルは、義鎮から大歓迎をうけ、布教をゆるされたうえに、屋敷まであたえられました。

　ザビエルは、この地で、一から布教をはじめることにします。義鎮の後ろ盾もあって、わずか1か月のあいだに、100人近い信者が集まりました。ザビエルは、この豊後を拠点にすれば、神の教えを確実に広められると思いました。そして、もっと多くの宣教師が必要だとも感じ、ふたたび義鎮のもとをたずねました。

「わたしは布教の仲間をつれてくるため、一度、日本をはなれようと思います。来年8月には、たくさんの仲間とともにもどってまいります」

　希望を胸に、ザビエルは日本をあとにしました。しかし、1年後の1552年、ザビエルは旅のとちゅうで病にたおれ、命を落としてしまったのです。46歳でした。ふたたび日本にもどり、神の教えを説くというザビエルの夢がかなうことはありませんでした。

ザビエル公園（鹿児島市）にある3人の像。中央がザビエル、左はアンジロー、右はベルナルド。

隠れキリシタンがうけついできた絵

　ザビエルが日本を去って70年後、江戸幕府による徹底的なキリシタン（キリスト教徒）弾圧がはじまります。そのとき、歴史の表舞台から、キリシタンは姿を消しました。それから300年後の大正時代、大阪府茨木市の山あいの民家から、1枚の絵が発見されます。あの「聖フランシスコ・ザヴィエル像」でした。この絵は、隠れキリシタンの一族が人知れずうけついできたものです。きびしい弾圧のなか、ひそかに信仰を守りつづけた人々の心のささえとなったのが、このザビエルの絵だったのです。

キリシタンはかくれるようにして信仰をつづけた。【イメージ画像】
「聖フランシスコ・ザヴィエル像」（神戸市博物館所蔵）
Photo : Kobe City Museum / DNPartcom

NHK「歴史秘話ヒストリア」制作スタッフ

制作統括	木道 壮司　池田 謙二　川野 良太　飯田 真麻 (プロデューサー)
ディレクター	伊藤 敏司 「コーフン！ 古墳のミステリー」(2016年6月17日放送)
	谷口 僚平 「いつだって天文ゴールドイヤー！ ～星々と日本人 はるかな物語～」(2012年9月12日放送) 「ザビエル 戦国を行く ～知られざるニッポン 3万キロの旅～」(2015年4月1日放送)
	前橋 吾朗 「偉人たちのユートピア ～びわ湖 知られざる夢と信念の物語～」(2014年7月23日放送)
	藤賀 大祐 「愛と信念は海を越えて 鑑真と弟子たち 7000kmの旅路」(2015年9月9日放送)
	高橋 奈央 「和食はどうしておいしくなった!? ～時代の主役たちが育んだ食の遺産～」(2014年11月26日放送)
協　力	NHKエデュケーショナル
デザイン	グラフィオ
ＣＧ制作	タニスタ
図版作成	中原武士
編集・DTP	ワン・ステップ

NHK新歴史秘話ヒストリア
歴史にかくされた知られざる物語

3 かがやく日本文化

2018年1月 初版発行

NHK「歴史秘話ヒストリア」制作班／編

発行所	株式会社 金の星社 〒111-0056 東京都台東区小島1-4-3 電話　03-3861-1861 (代表) FAX　03-3861-1507 振替　00100-0-64678 ホームページ　http://www.kinnohoshi.co.jp
印　刷	株式会社 廣済堂
製　本	東京美術紙工

NDC210　40p.　29.5cm　ISBN978-4-323-06828-2

©NHK & ONESTEP inc., 2018
Published by KIN-NO-HOSHI SHA, Tokyo, Japan.

乱丁落丁本は、ご面倒ですが、小社販売部宛にご送付下さい。
送料小社負担にてお取替えいたします。

JCOPY　出版者著作権管理機構 委託出版物
本書の無断複写は著作権法上での例外を除き禁じられています。複写される場合は、そのつど事前に
出版者著作権管理機構 (電話 03-3513-6969、FAX 03-3513-6979、e-mail: info@jcopy.or.jp) の許諾を得てください。
※本書を代行業者等の第三者に依頼してスキャンやデジタル化することは、たとえ個人や家庭内での利用でも著作権法違反です。